AF585817

Bellême, imp. Georges Levayer, 6, place au Blé

# Le C^te Louis de Romanet de Beaune

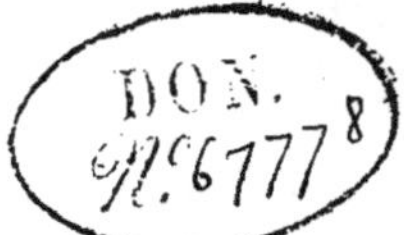


Il n'y avait que la durée de sa vie dont nous ne croyions pas devoir être en peine. Car qui eût pu seulement penser que les années eussent dû manquer à une jeunesse qui semblait si vive ?

BOSSUET

---

BELLÊME
IMPRIMERIE DE GEORGES LEVAYER
1890

# Le C^te^ Louis de Romanet de Beaune

> Il n'y avait que la durée de sa vie dont nous ne croyions pas devoir être en peine. Car qui eût pu seulement penser que les années eussent dû manquer à une jeunesse qui semblait si vive ?
>
> Bossuet

La vie se passe à voir mourir. Nous ne survivons que pour porter des deuils et conduire des funérailles. A mesure que notre existence se prolonge, elle se peuple de regrets, et nos souvenirs sont comme les fantômes des absents. Dans ce qui nous reste, nous cherchons l'image de ce qui n'est plus. Le présent auquel nous appartenons sera bientôt le passé, ce passé vers lequel on se retourne en continuant de marcher, car nous ne pouvons ni suspendre notre course, ni la poursuivre au-delà des bornes prescrites.

Pour les uns, le suprême appel se fait entendre après de nombreuses années, à cet âge qu'on nomme la vieillesse. Pour d'autres, il n'attend pas l'hiver de la vie et s'adresse à la maturité de l'automne. Enfin, trop souvent, il retentit brusquement au milieu des beaux jours du printemps, tandis que chantait la voix joyeuse de la Jeunesse et de l'Espérance.

Ainsi a disparu Louis de Romanet, hier encore plein de force et de santé, le sourire aux lèvres et le bonheur sur le front ; rayonnant de cette confiance des vingt-cinq ans où tout parle d'avenir, où le jour qui se lève annonce et promet tant de lendemains, âge où l'on semble avoir un droit au bonheur, à la vie, où l'horizon est doré par le soleil et où l'on n'aperçoit que des fleurs sur le chemin.

Ce caractère heureux de la jeunesse était particulièrement le sien. Jamais esprit plus gai, allure plus vive, contentement plus facile dans une nature plus ouverte et plus franche. Sa gaieté était communicative, parce qu'elle était vraie sans être bruyante ; elle ne venait pas seulement de l'esprit, mais de la droiture du cœur et de la paix de la conscience. Elle trouvait moyen de dérider les fronts les plus graves.

La gaieté, enchanteresse qui éloigne les soucis et allège les fardeaux, compagne qui sait abréger les heures et illuminer les jours sombres ! Au temps des fées, on n'aurait pas manqué de dire qu'elle avait été un des dons que reçut Louis de Romanet à son berceau, don d'une fée souriante et bonne qui, lors même qu'on l'eut oubliée, se serait invitée à son baptême.

Mais ce n'était là que le charme de son caractère. L'âge développa et fit connaître en lui des qualités sérieuses : un esprit juste et pénétrant, un tact très sûr et très fin, un grand bon sens, un jugement déjà mûr, un précoce discernement et cette jeune sagesse à laquelle s'applique la parole de l'Ecriture : « C'est la prudence de l'homme qui « lui tient lieu de cheveux blancs » (1).

Il avait l'instinct du bien comme d'autres ont du penchant pour le mal, et aurait eu le droit de dire : « J'ai détourné mes pieds de « toute voie mauvaise » (2).

Il possédait cette adresse naturelle qui consiste à bien dire et à bien faire, sans calcul et sans habileté. Sous une apparence juvénile et avec des grâces presque enfantines, il avait une mesure et une sagacité très rares à l'âge où elles ne peuvent être encore le fruit de l'expérience.

Sa piété était solide, éclairée, aussi éloignée du respect humain que de l'ostentation. Tout en lui était droit et sincère. Il avait une grande noblesse de sentiments, un cœur compatissant et bon, ouvert aux amitiés, à toutes les affections de la famille.

Et comment n'eut-il pas été accessible à tout ce qui est élevé, loyal et généreux, quand il avait grandi au milieu des vertus

(1) *Sagesse.* III, 8.

(2) Psaumes. CXVIII, 101.

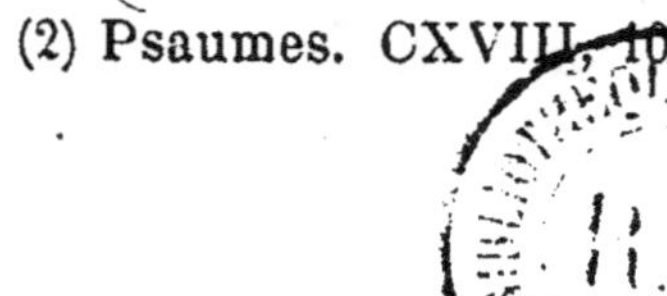

chrétiennes, parmi les saintes traditions du foyer, près d'une mère qui se plut à orner son âme de ses délicatesses, sous les yeux d'un père fidèle au culte de l'honneur, aux croyances des aïeux, à la foi monarchique ?

La charité, il la retrouvait sans cesse dans la vieille demeure héréditaire, occupée à secourir, à consoler, rattachant le village au château par les liens les plus sûrs et les plus durables, ceux des bienfaits et de la reconnaissance.

Dans notre France meurtrie par tant de révolutions et attristée par tant de défaillances, il est encore des foyers où revivent les fortes et douces vertus d'autrefois, plus puissantes pour résoudre les questions sociales que les vains décrets des législateurs. C'est un de ces toits vraiment privilégiés qui abrita l'enfance et la jeunesse de Louis de Romanet. Sous les ombrages séculaires du parc de Gevraise dont chaque arbre lui était familier, ses années s'écoulaient heureuses et légères, avec la tendresse d'un frère et d'une sœur, tous trois offrant l'accomplissement de ce mot si expressif : « Nous marchions les mains unies, les cœurs plus unis encore » (1).

Presque tous les châteaux qui l'environ-

(1) Léon Gautier. *Le livre de ceux qui souffrent. Recueil de prières d'après les manuscrits du moyen âge.*

naient étaient habités par des parents ou des amis. Il en était un vers lequel il se sentait attiré continuellement, plus proche encore par l'affection et la parenté que par le voisinage. Il y arrivait souvent, aperçu de la hauteur où il était signalé sur la route par le galop de son cheval, accueilli toujours avec bonheur dans la maison qui était devenue la sienne, et dont il ne s'éloignait que pour y revenir.

Le jour vint où sa rieuse jeunesse se montra capable d'accepter la vie la plus austère. Appelé auprès d'un vieux parent malade et isolé, il lui consacra de longs mois, vécut auprès de lui dans le château solitaire dont aucun cri joyeux n'éveillait les échos. Il supporta sans se plaindre les exigences de la maladie, les tristesses des longues journées, les veilles prolongées, et ne cessa de prodiguer ses soins que lorsque cette existence, adoucie par lui, se fût terminée par une mort chrétienne.

Aimable et d'un abord facile avec ses inférieurs, il avait conquis à la campagne l'ascendant que n'exercent pas toujours les meilleures qualités. Non qu'il cherchât la popularité ; mais elle venait à lui naturellement, comme il allait naturellement à ceux qui l'approchaient.

Dirai-je les nombreuses amitiés qui prirent place dans sa vie de collège, à Orléans, au Mans, à Cantorbéry ? Il n'était pas moins aimé de ses maîtres que de ses condisciples. Partout où il passait, il avait des amis, non pas seulement ceux que donnent les hasards, mais ceux que rapprochent l'élévation des sentiments et l'estime réciproque.

De tous ceux qui l'ont connu, aucun ne l'a oublié. Tous s'en souviennent pour le regretter.

---

Le 30 novembre 1890, il ressentit les premières atteintes de la maladie. D'abord sans gravité, l'on put croire qu'elle n'était que la première épreuve infligée à cette brillante santé. Etait-ce un pressentiment ? il s'attrista et parut presque avoir renoncé à la vie.

Cependant le dévouement s'était assis à son chevet. Que de soins ! Que de sollicitudes ! Ces sollicitudes redoublèrent à l'approche du danger. Il semble alors que la mort frappe à la porte. L'inquiétude est entrée la première. Elle se lit sur les visages ; elle torture les cœurs. Les hommes de science ont été appelés. Ils ont parlé d'espérance, de cette espérance où domine la crainte. Puis la terrible réalité est apparue tout entière ; c'est la vie qui s'échappe en des heures pleines d'angoisses.

Les prières montent ferventes vers le Ciel. Mais dans ses mystérieux desseins, Dieu ne les a point exaucées. La mort s'avance à pas rapides.

C'en est fait. Il faut quitter cette vie qui semblait si heureuse, cet avenir qui paraissait si long et si beau.

Le jeune malade a offert à Dieu son sacrifice. Il a vu venir le prêtre et a reçu l'onction sainte, répondant d'une voix ferme aux prières de l'Eglise :

« Notre appui est dans le nom du Sei-
« gneur... Envoyez-lui, Seigneur, votre
« secours du haut du ciel. »

La mort a tari par degrés les sources de la vie, et le 18 décembre, à sept heures du soir, la tête doucement inclinée, il a rendu le dernier soupir.

---

O jeunesse, faut-il vous plaindre de partir en plein rêve ? Vous avez pu croire au bonheur. Vous n'auriez pas tardé à rencontrer le chagrin, cet hôte de toutes les demeures. Vos illusions se seraient envolées comme les feuilles mortes qui tombent des arbres dépouillés, au souffle de l'hiver.

Il faut perdre un à un tous ses compagnons de route, s'avancer à travers les vastes solitudes, appeler ceux dont les voix ne nous répondent plus.

Le matin, nous étions partis, le cœur joyeux, avec le bâton du pèlerin. Bientôt nos pas se sont ralentis et nos pieds fatigués ont été meurtris par les pierres du chemin.

Pour vous la marche a été légère. Aucun nuage n'est venu assombrir votre ciel. Vous n'avez entendu que la chanson matinale, non les tristes accents qui s'exhalent des profondeurs de l'humanité. Vous avez eu le rire ; plus tard, vous auriez eu les larmes. Vos habits de fête seraient devenus des vêtements de deuil.

Nous ne vous plaignons pas, mais nous vous pleurons. Vous avez passé trop vite, comme ces visions brillantes qui s'évanouissent aux premières lueurs du jour. Jeunesse, si tôt couchée dans la tombe, vous gardez cette dernière poésie que donne la mort.

---

Quand l'âme a quitté le corps, tout finit et tout commence. Une fragile enveloppe est encore là, dernière image de celui qui a vécu, qui vivait tout à l'heure.

Les veillées funèbres se succèdent près du crucifix, symbole de la foi. A la clarté des cierges, on aperçoit la religieuse, celle dont les soins incessants ont lutté contre le mal et adouci la souffrance. Humbles et touchantes figures qu'on dirait envoyées du Ciel pour secourir la terre. Héroïnes de la Charité, on les retrouve aux côtés de toutes les misères et sur le chemin de toutes les douleurs.

La dépouille est enfermée dans le cercueil, dernier adieu qui précède celui des funérailles. Ce triste jour était venu. Le convoi s'achemina lentement, le 22 décembre, formé de la foule des parents, des amis, que n'avaient pu retenir la distance et les difficultés de la route. Au milieu d'elle on apercevait d'anciens serviteurs en larmes.

Suivant l'usage du pays, des fermiers portaient pieusement celui qu'on ne devait plus revoir. Il s'avançait ainsi sans mouvement et sans vie à travers les allées du parc qui avait retenti de ses jeux d'enfants et qu'il avait tant de fois sillonné de ses pas de jeune homme.

Le sol était glacé et couvert de neige, ce linceul de la terre. Tout se taisait. Le silence n'était interrompu que par les chants religieux qui accompagnent les funérailles chrétiennes.

A l'entrée du village, les têtes se découvraient avec une morne tristesse. La désolation était peinte sur tous les visages. La cloche qui avait sonné tant de joyeuses cérémonies et de jours de fête, s'agitait avec de douloureux accents. Toute la population qui remplissait l'église de Bellou semblait se confondre avec la famille.

Après la funèbre cérémonie, l'on se dirige vers le cimetière où la Religion va bénir pour la dernière fois le cercueil apporté parmi les tombes où reposent déjà plusieurs générations.

La douleur s'exhale dans une suprême prière, entourant un père et une mère qui pouvaient dire alors :

« Nous n'avons point perdu ce fils chéri : « nous l'avons rendu à Celui qui nous l'avait « prêté. Sa vie n'a point été interrompue, « mais seulement échangée pour une vie « meilleure. La terre n'a point couvert cet « objet de notre tendresse, mais c'est le « ciel qui l'a reçu » (1).

Cruel moment que celui où l'on confie les restes mortels à la terre ! Mais sur la pierre sépulcrale, la foi inscrit cette belle et consolante parole du *Credo* :

« J'attends la résurrection. »

H. DE BROC



(1) *Saint Basile*. Lettre à Noctaire.

Bellême, imp. Georges Levayer, 6, place au Blé

Bellême, imp. Georges Levayer, 6, place au Blé

www.ingramcontent.com/pod-product-compliance
Lightning Source LLC
LaVergne TN
LVHW012021170826
845678LV00004BA/1589

* 9 7 8 2 3 2 9 6 3 6 0 8 5 *